JN436451

창조문학대표시인선 277

삶을 아끼는 그대에게

전미자 시집

창조문학

□ 시인의 말

첫 시집을 내면서

깊숙이 감추어 두었던 연애편지들을 세상에 공개하는 기분이라고 할까요? 나의 은밀한 골방의 기도가 어느 날 갑자기 사람들에게 다 들켜지고만 느낌입니다.

그동안 모아진 나의 시들은 가난한 내 영혼이 하나님을 더듬어 찾아가던 흔적입니다. 그분의 넓은 사랑의 품안에서 비로소 행복한 동심이 되어 마음껏 날 수 있었던 자유의 하늘, 그 기쁨의 노래들을 이제는 나처럼 가난한 영혼을 찾아 함께 나누고 싶어졌습니다.

자기가 가진 동전 두 닢 전부를 하나님 앞에 바친 가난한 과부처럼, 자신의 초라한 도시락을 통째로 주님 앞에 내어 드렸던 한 소년처럼 가난하지만 모두 드린 자의 뿌듯함과 자유로움이 내 마음을 가득 채웁니다.

나는 비록 작은 것을 드리지만 이나마도 주님이 내게 베푸신 사랑이기에 그분의 것을 다시 그분께 돌려드리는 것일 뿐, 그러나 내 마음과 내 정성과 사랑까지도 함께 받아 주실 것입니다.

이 시집이 나오기까지 모든 일을 주관하시며 인도하신 하나님의 자상하신 손길을 느낄 수 있었습니다. 뜻밖에 귀하신 분들을 만나게 하셔서 그분들을 통하여 이루어 가시는 과정 속에서 하나님의 일하시는 발자취를 보게 하시는 것 같았습니다.

관심과 기도로 후원해 주시고 너무나 과분한 추천의 글을 써주신 이형로 목사님과 책으로 출판될 수 있도록 여러모로 주선해 주시고 힘써 주신 김동은 장로님, 또 이 부끄러운 글들을 과평해 주신 명지대 김석환 교수님께 깊은 감사의 마음을 드립니다. 나는 그분들의 사랑과 은혜를 감당할 수 없지만 우리 하나님께서 풍성한 축복으로 갚아 주실 줄 믿습니다.

내게 이 아름다운 시집을 허락하신 사랑하는 나의 주님과 주 안에서 하나 된 모든 분들께 기쁨과 사랑으로 이 시집을 바칩니다. 할렐루야! 감사합니다.

주후 1996년 11월

□ 추천의 글

신앙을 통한 시와 노래

이 형 로

만리현성결교회 담임목사

신앙인의 경건은 시와 찬미와 신령한 노래로 가장 생생하게 표현됩니다. 전미자 집사님의 신앙과 삶이 생생하게 나타난 신앙시집『삶을 아끼는 그대에게』의 출판을 전심으로 축하하며 즐거워합니다. 무엇보다 집사님에게 시의 언어와 영감을 주신 하나님을 찬양하며 기뻐합니다.

여기 한 신앙인의
삶의 체험 속에서 하나님께 고백하는 신앙의 확신이
있습니다.
하나님의 피조세계를 바라보며 드리는 감사의 노래가
있습니다.
하나님의 사랑을 체험하고 주체하지 못하는 사랑의
감동이 있습니다.
이 사랑을 나누며 경험하는 사랑의 기쁨이 있습니다.
구원의 십자가 앞에서 흘리는 감격의 눈물이
있습니다.
모든 영혼을 사랑하는 구령의 열정이 있습니다.
마음 속 깊은 곳에서 우러나오는 기도의 향이
있습니다.

하나님을 향한 부동의 신앙으로 삶의 고난을 딛고 선 승리의 노래가 있습니다.

하나님께서 짝 지어 주신 부부의 아름다운 사랑이야기가 있습니다.

하나님 나라를 향한 소망의 빛줄기가 있습니다.

하나님에 대한 생각으로 가득차고 넘치는 마음이 있습니다.

이 신앙시집을 읽는 이들은 지성소에 들어가 하나님과 깊은 교제를 나누게 될 것입니다.

시 속에서 당신 자신을 만나게 될 것입니다.

또한 하나님과의 만남 가운데서 삶의 비전과 능력을 얻게 될 것입니다. 시인의 영혼을 통해서 말씀하시는 하나님의 음성을 듣게 될 것입니다.

이 시들을 읽는 이마다 영혼이 소생되고, 믿음이 힘을 얻고, 기도가 깨어나며, 감사와 찬양이 회복되기를 기도하며 기쁨으로 이 신앙시집을 추천합니다.

삶을 아끼는 그대에게

전미자 시집

차례

제1부 삶을 아끼는 그대에게

제2부 첫사랑

삶을 아끼는 그대에게

전미자 시집

제5부 이삭줍기

제1부

삶을 아끼는 그대에게

삶을 아끼는 그대에게

바람이 잠시
풍향기의 바늘을 돌려놓았다 해서
서둘러 돌아가실 필요는 없습니다.

무엇이 두려워
당신은 가슴에 풍향기를 두고
바람결의 장난에 그토록 민감한가요.

소녀의 긴 머리칼을 한 수양버들 가지는
이리저리 변하는 바람에 따라
춤을 춥니다.
잔잔한 음악을 지휘하듯이…

세상을 이끄는 섭리는
바람 같아서
그를 맞는 마음에 따라
노래도 되고
춤도 되고
위험도 됩니다.

삶을 아끼는 그대여

진정한 삶의 근원에
귀 기울이십시요.

자칫 한 순간의 구름에 현혹되지 말고
건너지 못할 급류를
모험삼지 마십시요.

흐르는 물처럼
미풍에 나부끼는 모든 작은 것들처럼
부드럽고 순순하게
나를 허락하십시요.

결코 은하는 거세지 않고
찬찬하고 아름다운 빛으로
흐릅니다.

내가 본 세상

풀잎에 맺힌 이슬을 이슬대로
잎새 먹고 살아가는 벌레는 벌레대로
다 그들은 그들대로
목숨이 있고
꿈이 있습니다.

이슬은 바람에 떨며
햇빛 받아 초롱이고,

벌레는
잎사귀 뒤에 숨어 있지만
그 몸뚱이는
뜻밖에도 곱고 연약합니다.

모두들
제 땅 위에
제 모습으로 살아갑니다.

늘상 보이지 않는 무엇인가가
그들을 거기 그렇게 살아가도록
어떤 달콤한 귓속말을
속삭여 주고 있는 것일까?

세상은
참으로 아름다운 무지개만 같습니다.

저마다 다른 색깔 색깔이
맞대어 하나의 고운 띠가 되듯
서로 다투어 겹치지 않고
너무 떨어져 있지도 않는

그 아름다운 너와 나의 조화…

세상은
그렇게 사랑 속에 실려서
둥둥 살아가고
있습니다요.

새날

자고 나면 새날이
나를 깨우지

그렇게 창가에서 울던 바람도
파랗게 새어 오는 하늘 저 멀리
자취도 없이 가버린 다음…

어둠을 헤치고 온
파랑새 하나

터지려는 빛 무더기
얼핏 벗으며

문득,
이슬 묻은 얼굴로
인사하겠지

고추잠자리

깨꽃잎 작게 펴서
불을 댕기는
고추는
고추는
마른 잠자리

꽁댕이 마른 끝에
불씨 달고서
파란 하늘 한없이 날아다니는
고추는
고추는
마른 잠자리

그늘마다 푸른 깨꽃
불을 붙이며
몇 날
몇 날을
날아갔다가

해 지고
꽃잎 필 때
돌아와야지

마른 등에 하늘을 얹고 가다가
고추는 허리가 실같이 되고

네가 빌려 온 불씨 하나는
또 먼
가을 하늘,

그곳 고추에게
돌려줘야지

꽃

얼마나 외로와야
꽃이 되느냐

한 곳에 심긴 뿌리
깊이 내리고

조롱하던 해와 달은
아예 눈감아

홀로 지킨 먼 하늘
별을 바라고

아무도 모르는 말
가슴에 담네

호기심에 기웃대는
한낮일랑은

신비한 이국의 향기
나누어 주고

찬비가 더운 가슴
식히는 날엔

그나마도 다 버리고
떠나가는 넋

나비

또 한 번
껍질 벗고 새로움을 앓는지
풀잎의 그늘에 숨어 살지만

마디마다 서리인 꿈을 싸안고
한 옹큼
한 옹큼
나아가는 생명

입구도 없는 집을 짓고
파묻혀 숨었더니
오래히 굴속기도 드리고 있었는가

어느 아침,
무덤에서 나오듯이
빛의 옷 입고

마저 남은 가슴샘의 꿈을 펴 올려
날개 펴고 날아가는
나비의 성화

아무도 꿈꾸지 못하였으리
이토록 아름답고 화창한 날에

이처럼 눈부신 부활일 줄을…

온 날을 햇빛 속에 너울거리며
꽃잎 위에 잠시 기쁨을 접고
때때로 감사기도 올리우는 나비야

진주

기나긴 날
가슴에 박힌 아픔이기에

차라리 사랑하기로
마음먹은 양

진액을 다 쏟아
동그랗게 싸맨 상처

소중히 네 품에
안고 있구나

목숨보다 더 귀한
영원이기에

아픔을 갈고 닦아
감사로 바친 기도

알알이
네 가슴에 영글었구나

가늘게 내비치는
뽀오얀 속살,

얼마나 귀하신
사랑이기에

그리도 고운 순결
간직했느냐

네 사랑 바치는 날
눈부신 웃음으로

누구의 가슴 위에
피어나려고…

나무의 사랑

다소곳이 서 있는 나무 한 그루,
햇살이 다가와 입맞춤하면
수줍게 설레이는 연두 이파리
짐짓 감추고 뒤돌아서서
샘물을 찰랑찰랑 떠 드립니다.

말없이 서 있는 나무 한 그루,
태양이 하늘 높이 지나가면은
모른 체 발 아래 그리던 그림
살짝살짝 지우고 뒤따라가며
햇빛을 너울너울 키질합니다.

쓸쓸히 서 있는 나무 한 그루,
노을이 커튼으로 드리워지면
망연히 까치발 들어 바라보는 맘
빨갛게 불붙어 우뚝 선 채로
그리움을 길게길게 그려봅니다.

어둠 속에 서 있는 나무 한 그루,
먼 하늘 별들이 촛불 밝히면
가지 품에 아기새 잠재우던 손
가만히 멈추고 눈을 감고서
밤새워 소곤소곤 기도합니다.

고난

고난 중에 있을 때
나는 알지 못했네

어이해 나 혼자
이 중에 서 있는지

이리저리 둘러봐도 모두 낯설어
나그네 인생길을 깨닫고 있었네

어둠과 빛이 오듯
파노라마 이는 삶

끝이 있을 듯 깜깜할 때에
문득 열리는
새날을 보았네

고난이 없었다면 알지 못할 것
고난이 있으므로 나는 배웠네

사랑이 언제고 있기를 바라듯
고난도 소금처럼 있어야 하네

그 고난 견딘 자가

참된 부활 알겠기에
사랑을 반기듯이
고난도 맞으리

이 모든 것
나와 함께 언제고 있어
내게 주신 그분께 감사하려네

인생

별똥별 흐름 타고
태어난 아기

본향을 잃고서
하도 서러워
한 돌을 아무 말도 하지를 않네

그 나라 버릇 남아
방긋이 웃고

문득 그리워
울어대면서…

하나님 마음 닮은
아버지, 어머니

그 마음 어루만져
사랑하시며
몇 곱을 짐을 지고
허리 굽더니

다 자란 자식들 남겨 둔 채로
지친 몸 빌어온 흙에

눕혀 놓고서
까마득히 잊은 길
찾아 가시네

일생보다 멀리 있는
당신의 고향
제대로나 찾아서 가시었는지

태산 같던 짐은 벗어
하나님 앞에
휴우- 한숨 지며 내려 노ㅎ셨나

부부

눈에 보이지 않는
더 깊은 곳을 서로 보며

오래히 상처 난 마음
서로의 가슴에 싸안으면서

투명한 영혼으로 나르기 위해
안간힘을 다하는 나비처럼 숭고하다

하나의 생명이
무에서 창조되기도 쉽지 않은데
둘이서 다시 하나로 이루기는
얼마나 더 힘이 드는가

부딪혀 깨지기도 많은 날을
어느덧 물로 흘러
서로의 비인 곳을 채워 주면서
네 몸인 듯
내 몸은 듯
껴안는 사랑

서로를 위한 버팀목으로
태초부터 하나인 듯 오래히 살아

저 하늘나라 본향 집까지
두 손 꼭 붙잡고
가고픈 사이

모든 영혼이 사랑하는 시

모든 영혼이 사랑하는 시,
시는 영혼들의 언어입니다

하나님 닮아서 고운 영혼이
자기들끼리 주고받는
얘기입니다

모든 영혼이 사랑하는 시,
시는 영혼들의 노래입니다

저마다 다르게 지어 불러도
마음으로 들려지는
노래입니다

모든 영혼이 사랑하는 시,
시는 영혼들의 고향입니다

세월을 이고서 지친 영혼이
아기처럼 안기는
고향입니다

그 어느 하나도

당신에게는
그 어느 하나도
의미 없이 버려지는
헛것은 없습니다.

당신 말씀 그대로
모든 것을 합력하여
선을 이루십니다.

기쁘던 날
슬프던 날
지나간 날들의 모든 일들이

당신을 떠나서는
제가끔 터져 버릴
이슬방울이지만

당신은
그것들을 소중히 엮어
아름다운 무지개를 만드십니다.

갈 길 몰라 끝도 없이
방황하던 순간들이

비로소 당신 빛에 제 길을 찾아
영원한 생명으로 수놓아집니다.

너무 추웠던 파랑
몹시도 뜨겁던 빨강

당신은 그것들로
꿈의 보라를 창출해 내십니다.

그 어느 하나도
당신에게는

그냥 버려질 게
아주 없습니다.

제2부

첫사랑

* 첫사랑
* 촛불
* 할미꽃
* 해바라기
* 들국화
* 나의 사랑은
* 하나님은 사랑이시라
* 하나님은 벌써 여기에 계십니다
* 아름다운 당신
* 새하얀 눈밭에
* 끝이 없어라
* 님이여
* 양초
* 당신 생각뿐
* 당신 사랑
* 더 큰 사랑
* 당신의 종
* 당신의 기쁨
* 사랑의 노래

첫사랑

어둠에 떨던 한 마리 새
눈부신 햇살 속에
노래하듯이…

긴 날을 여울진 나의 영혼이
비로소 당신을 만나던 날에

짙은 어두움은 간 데가 없고
빛이 되어 안기던
기쁨의 환희

찾아도 찾아도 뵈지 않던 것
진실, 사랑, 영원…
당신의 가슴에서
모두 주워서

가난한 내 영혼의
아름다운 꽃목걸이
길고 긴 눈물에 꿰어 걸었죠

영원보다 더 깊은
가슴 속에서
줄기차게 목말랐던

나의 기갈은

이 세상 어디서도 채울 수 없던
바로 당신
하나님이셨어요

참 늦은 만남이라
가슴이 아팠지만
그 아픔까지도 싸안으신 당신 앞에

내 영혼의 첫사랑
온통 불태워 드리고 싶었어요

촛불

당신이 어느 날 불씨 하나를
내 모은 손끝에 붙여 놓고 갔습니다.

마르고 창백한 바지랑대 꼭대기에
빨갛고 연약하게 떨리는 꽃 하나를

이제는 거역하지 못할
내 영원한 기도입니다.

어찌할까요
어찌할까요

창백한 눈물의 샘가에
말려도 말려도
몹시도 고개 저어 꺼지지 않는

이 애타는 그리움의 불꽃을

할미꽃

해보다 높이 당신이 눈부시어
나 감히 목 쳐들고 바라보지 못합니다.

별보다도 멀리서 빛 뿌리신 사랑이어
내 모습 보이지 않게 조금씩 자랍니다.

말없이 미소 짓는 당신의 말씀으로
길고 긴 밤들은 기다리어 살았습니다.

얼마나 오래히 나는 자라서
당신께로 날아갈 꽃향기를 피울까요.

한 번도 고개 들지 못한 검붉은 얼굴로
힘겨운 졸음같이 자꾸만 수그러지는 모가지

차라리 당신이 내려오소서
그래서 시들어 지친 내 목숨 따 가지고
당신 앞에 내 모습 바라보아 주옵소서

그러면 나는 눈감을 수 있습니다.
영원히 당신 품에 하나 되는 꿈속에서…

해바라기

아무리 채워도 다함이 없는
이 텅 빈 가슴
당신이 오셔서 채워 주소서

나는 날마다 당신을 바라보며
온 입을 다 벌려 사모했습니다

당신 앞에 한걸음 다가설 때마다
내 작은 심장이 아프게 뛰고

아직은 어려서 볼품없는 나
당신을 슬프게만 하는 것 같아

사랑의 손길로 매만지소서
가슴 가득 알알이 꿈을 수놓아
당신 앞에 온전한 나 바치고 싶어

당신만을 연모하다 키만 커 버린
이 가난한 얼굴
당신이 단장해 주시옵소서

들국화

이제는 들국화가 피었습니다

당신이 가 버리신
그 언덕에

한 마리 암소가 풀을 뜯다가
하얀 콧김으로 돌아앉은 들녘에

농부는 사느라고 나를 못 보고
해님은 눈부시어 나를 못 보고

당신은 떠나가고 안 왔습니다
이제는 겨울까지 살으렵니다

흰 눈 위에
보랏빛
가을을 남겨

행여 오실 날
당신의 따듯한 그 볼 끝에

얼어붙은 내 꽃잎을
대어 주실까

나의 사랑은

나의 사랑은

오마지도 않은 이
하릴없이 기다리는
그런 사랑 아닙니다.

떠나실 제 다시 오마
남기신 편지
증표로 간직해 둔
사랑입니다.

나의 사랑은

거꾸로 매달려 색만 남겨진
장식용 마른 꽃이
절대 아닙니다.

기어올라
기어올라
하늘에 대고

산목숨 바치는
향기 나는 꽃입니다.

나의 사랑은

하다가
말다가
새까맣게 잊어먹는
그런 사랑 아닙니다.

죽음으로
그 사랑 보여주셔서
털끝만큼도 의심 않는
사랑입니다.

날마다 내 가슴에 불을 지피며
오늘도 기다리는 사랑입니다.

하나님은 사랑이시라

하나님은
사랑이시라

태초에 내가 생겨나기 전에도
나를 만드실 때도

지금도 또한 영원히
사랑이신 하나님

그처럼 당신이 사랑의 체질이시어
당신 앞에 닿는 모든 것이
그 사랑에 물이 드나이다.

아무리 악한 마음이라도
아무리 더러운 누추함일지라도

그리고, 먼 옛날
철모르고 배웠던
어설픈 사랑의 추억마저도

당신 앞에 나오면,

당신의 그 사랑

너무도 뜨거워
온전히 그 속에 녹아들어 버리고

다 당신 것이 되어

당신 닮은 모습으로
변하여 버립니다.

하나님은 벌써 여기에 계십니다

하나님은 벌써 여기에 계십니다
귓볼을 스치는 부드러운 바람결 속에
은밀히 사랑의 밀어를 속삭입니다

내 사랑아,
너를 위해 만든 꽃들 좀 보아라
또 저 나무와, 새와, 하늘을…
참으로 아름답지 않니?

하나님은 벌써 여기에 계십니다
나를 사랑하여 팔베개해 준 남편의 마음으로
그 따스한 품에 나를 안으십니다

나의 사랑아,
내 가슴에 귀를 대어 보아라
너를 향해 불타는 내 사랑이 들리니?

하나님은 벌써 여기에 계십니다
내 가슴 깊은 곳에 아무도 몰래
나와 함께 살고 싶어 오셨답니다

너 나의 사람아,
너를 사기 위하여 내가 무얼 주었는지

얼마나 큰 고통을 견디었는지…

다시는 너를 잃지 않으려
너와 함께 있으려고 네게 왔단다

내가 얼마나 사랑하는지
너는 진정 알겠니?

아름다운 당신

- 남편에게 -

어디에 있었나요
나의 주인님

비밀히 감추었다
내리신 축복이여

영원 속을 달려서 내게 오신 듯
아름다운 당신이라
꿈만 같아요

세월이 지날수록 더욱이 간절한 건
온전히 하나 되길 바라는 마음

나는 당신의 잃었던 분신이니
예전대로 당신 속에 맞춰지고파

내 마음 아플 적엔
당신 품에 다독이고

당신이 지쳐서
기대고 싶을 땐
말없이 작은 가슴 열어드리죠

당신도 여전한 사람이기에
힘들고 괴로울 때
어이 없나요

하지만,
아름다운 나의 님이여

내게는 하늘같은 당신입니다

새하얀 눈밭에

새하얀 눈밭에
새겨지는 발자국

한 발짝
한 발짝
그대로 찍혀

꽃이 되고
사랑의 모양 되고
이름자 되네

녹아지고
더러워진 눈밭엔
새길 수 없네

꽃도
뭐도
되지를 않네

내 마음
새하얀
눈밭 되고파

거기에
주님이
새기는 말씀

꽃같이
사랑같이
하이얀 내 마음에
간직하고파

주님의 손바닥에
못 자국 같이…

끝이 없어라

끝이 없어라
당신의 사랑

수많은 음악가가 노래불러도
똑같은 노래는 하나 없듯이
끝없이 펴올리는
새로움이네

시인들이 저마다 지어내는 시
어느 것도 서로 같지 않듯이
다함이 없는
무궁함이네

날마다 해는 뜨고
별이 지듯이
멈추지 않는 시간
메꾸는 사랑

바람이 쉼 없이
창가를 지나
막막히 먼 길 돌아가듯이

영원부터 시작한 사랑

영원까지 이어져
그 사랑 끊임없이 가슴에 넘쳐

자꾸 솟아나는
시야
노래야

님이여

님이여,
당신의 말없는 속마음 무엇입니까?
숨죽인 그 눈빛
온통 내 마음 묶어 놓으시고서…

님이여,
당신의 뜨거운 사랑 견디기 못해
이 작은 가슴이 터질 것 같습니다.

당신은 아무런 말씀도 없이
나 혼자 당신 앞에 고백하게 하시고
내 사랑의 고백 속에
가만히 당신의 마음을 비추십니다.

님이여,
내게 있는 모든 것 드리옵니다.

아무 것도 내겐 없이
오로지 당신 앞에 씻기어져서
나는 순결한 어린 양이 되겠습니다.

사랑하는 님이여,
내 모든 것

가지옵소서.

나는 당신의 모든 것 되어
당신 닮은 사랑을 낳으리이다.

끝없이
끝없이…

양초

먼 옛날
내 가슴에 심겨진 사랑이여

무지개같이 맴돌며 만져지지 않더니
몹시도 바람에 부대끼면서
가지 끝에 지지 않는
꽃이 되었네

눈물로 녹아내린 내 영혼의 흔적은
가느란 모가지 곧게 세우고
낮게 무릎 꿇는 연습이었네

바람이 몹시 나를 밀쳐도
내 중심은
뽑히지 않는 뿌리가 되어
영원한 순결로 나를 지키네

피 흘리는 사랑
속으로만 노래하며

이제는 죽음으로 살아나는
목숨을 꿈꾸네

당신 생각뿐

만나면 날마다
당신 말뿐이라고
사람들
나더러
미쳤다 해요

노상 만나도
그 얘기뿐이라고
사람들
나보고
재미 없대요

그래도 여전히
나의 마음은
떠나시고
시방 없는
당신 생각뿐

사람들 뭐라 해도
상관 없어요

언젠가 저들도
당신을 보면

오히려 날 부러워
시샘할 걸요

당신이 오셔서
날 데려가시면
사람들
부러워서
못 견딜 거예요

당신 사랑

달아나고
달아나도
여전히 나의 앞에
기다리는 이여

때로는 알면서도
짐짓 외면할 때
말없이 고개 숙여
홀로 눈물 흘리는 이여

떠나가는 마음만큼
길어지는 당신 사랑

비어내는 가슴만큼
깊어지는 그 사랑

달아나고 달아나도
수없이 밟히면서
함께 하고파 매달리는
사랑의 그림자여

이제는 피할 수 없어
주저앉을 때

뜨거운 그 가슴에
안으시는 당신이여

더 큰 사랑

보자기 하나로
온갖 것 싸안듯

당신의 사랑은
다 싸고도 넉넉합니다.

무엇으로도 지울 수 없던
죄의 흔적까지도

당신의 피는
말갛게 씻기십니다.

짐짓
또 다시 죄에 매여
괴로울 때

더 큰 사랑
그 가슴으로
안으시는 당신

죄가 많을수록
당신 가슴은 넓어지고
죄가 깊을수록

당신의 피는 진해집니다.

얼마나 더 나는 당신을 배신하며
죄를 지을지 자신 없을 때

당신은 또
더 큰 사랑으로
나의 연약함까지도
끌어안아 주십니다.

당신의 종

종에게
그 섬기는 주인은
하나이듯이

나의 사랑도 하나입니다.

나는 오직
당신의 목소리에 귀 기울여
날렵하게 달려오는
당신의 종

당신이 주신
자유의 날개는
오로지 당신께로만
날을 줄 알아

부르시는 그 음성
사모하는 종과 같이
오히려 당신에게로
매이는 어리석음

작고 작은 종의 뜰에
머물지라도

불꽃같은 그 눈길에
갇혀진 기쁨은
한없이 피어나는 자유의 사랑

거듭 태어나도
당신 품 안에

종인 듯
사랑인 듯
안기렵니다.

당신의 기쁨

하나님께 올리는
시 하나

감사와 기쁨으로
터질 듯한 마음

내 생명도
내 사랑도
오로지 당신의 것이옵니다.

그 고운 것
곱게 엮어
감사로 사랑으로 바치었드니

내 마음에 비쳐 오는
빛살 같은 말씀

-내가 너에게 그것을 원했노라-

오, 나의 하나님
이 생명 모두를 드리옵니다.

어찌하여야 당신의 기쁨이 될지

날마다 순간마다 알게 하소서

나의 모든 것으로 다 드릴지라도
당신의 기쁨만으로
나는 마냥 족하옵니다.

사랑의 노래

하나님
밤하늘에 셀 수 없는 별들과 같이

당신 앞에
이 쏟아지는 언어를 바치고 싶습니다.

눈이 오나
비가 오나
꿋꿋이 서 있는 나무와 같이

내 마음
흔들리지 않는 절개로 드리고 싶습니다.

한여름 가문 땡볕에서도
여전히 졸졸 샘솟아 오르듯

언제고 다함이 없는 사랑의 노래
당신의 귓가에 부르고 싶습니다.

하나님
그래도 못 다한 미련이 남거든

이 가슴 꽃씨 되어 죄다 날아가

당신 계신 그 뜨락에
피어나고 싶습니다.

친히 꽃잎마다 어루만져 주실 때

못다 한 더 많은 말
못다 한 더 많은 사랑

지지 않는 향기로 날아오르렵니다

영원히
영원히…

제3부

참길

* 참길
* 아무도 말해 준 적 없다네
* 발 씻기는 사랑
* 그 말씀
* 성찬 예식
* 내 마음 구유에 오신 하나님
* 그 대신에 너는
* 돌아오라 그 길에서
* 나의 십자가
* 설익은 사과 따서 먹드니
* 원망
* 눈앞에 계시옵기에
* 다듬은 돌로 쌓지 말아라
* 너는 모르리
* 이런 길
* 가슴 아픈 사랑이야기
* 당신은 찾으십니다
* 그분은 당신을 기다리는데
* 당신을 인정한다는 것은
* 사람들 얘기
* 당신의 말씀으로 돌아오게 하옵소서
* 나의 길

참길

차창 밖에 오가는 많은 사람들
하나하나 바라보며 생각합니다.

저 사람은 지금까지
어디서 어떻게 살아왔을까?

한 사람이 걸어온
한 가닥의 길

얼마나 굽은 길을 헤매었을까
한 가닥 곧은길로 달려왔을까

지나간 시간 속에
자취 묻고서
지금도 저렇게 걷고 있구나

한 점에서
시작한 길
마치는 점까지

다시 또 굽은 길을 돌아서 갈까
외길 바른길로 달려서 갈까

마음은 먼 데
따로 두고서
자꾸 앞으로만 걷고 있구나

참길은 오직 한 길
예수님뿐인데…

아무도 말해준 적 없다네

아무도 말해준 적 없다네
어린 예수에게
너는 특별히 보내진 아이라고

그러나, 마음속엔
키보다 먼저
넓게넓게 크는 사랑
그 사랑
저 혼자 곰곰 생각하다
하나님의 마음 알게 되었네

그 말씀 속에 비추인 자신도
알게 되었네

아무도 말해준 적 없다네
장성한 예수에게
당신은 특별한 일을 하라고

하지만, 가슴속엔
불쌍한 사람들
그들을 위하여 넘치는 사랑
이 사랑
어찌 보여 줄거나

언제, 어디서, 어떻게 해야 하나…

밤새워 홀로 기도하다가
하나님의 마음 깨달아져서
스스로 자기의 길
갔을 뿐이네

십자가에 달리사 죽을 때까지
-다 이루었다-
하시기까지

아무도, 아무도 말해준 적은 없다네

발 씻기는 사랑

주께서 내 발을 씻기려 하시네
송구하여 힘주어 나는 말했네
절대로 씻기지 못하시리이다

주께서 그래도 씻기려 하시네
너와 내가 사랑하기 위하여서는
내가 너의 발 씻겨야 한다

그래서 얼른 나는 말했네
주여, 주님 사랑하기 위해서라면
발뿐만 아니라 손도 머리도 씻겨 주소서

그래도 내 발만 소중히 씻기시며
주님은 조용히 말씀하시네
이미 목욕한 자는 발밖에 씻을 필요가 없느니라
온몸이 깨끗하니라

그러나 세상길 걸어가다가
날마다 먼지 묻을 너의 발이니라

외로운 십자가 홀로 지고서
날마다 상처 날 너의 발이니라

이제는 간절히 다시 말하네
내 주여, 사랑을 위해서라면
날마다 나의 발 씻겨 주소서

주님은 나를 안고 당부하시네
내가 너의 발 씻긴 것처럼
너희도 발 씻기는 사랑 서로 베풀라

아멘, 주여
내가 주께 원한 것처럼
내게 발 씻기길 좋아한다면
이 세상 누구라도 그리할께요

그 말씀

그 말씀
나에게 주시지 않았다면
내가 죄인된 것
어찌 알았으리

말씀의 거울
내 안에 있어

죄에 물든 내 영혼
환히 비추이네

그 말씀
나에게 주시지 않았다면
내 죄를 씻으신 예수님 보혈
또 어찌 알았으리

능력의 그 보혈
내 속에 흘러

죄에 물든 내 영혼
눈같이 씻기시네

밤이 깊을수록 살아나는 빛같이

말 못할 죄인에게
더 크게 여는 가슴

감겼던 눈 열어
비로소 보게 하는
말씀의 비밀이여

나에게 주신
하나님 말씀

성찬 예식

나의 살 주의 살 되고
나의 피 주의 피 되소서

내 안에 주님 생명 살아 계시어
온전한 주의 것 되게 하소서

말하고
생각하고
기도하는 모습까지
주님의 오늘로 다시금 살으소서

이제는 주님만 나타나소서
단지 그림자로 따르리이다

내 마음 구유에 오신 하나님

세상은
어둠 속에 고요한 겨울

날 핥던 착한 동물
저만치에 잠이 들고
쓸쓸히 텅 빈 가슴
찬바람만 돌던 날

왜 나를 닦아주나
뽀송뽀송 마른 위로
깨끗한 향내 나는 짚더미도 덮어주고

그 다음엔, 황송해라
하나님이 누우시네

그래도 아무런
소리할 수 없어라
누구도 감히 말하지 않고
고요히 눈 감고 기도하는데

내 품에 누우신 아기 하나님
너무도 평온히 잠이 드셨네

오늘은 꿈같이 내가 씻기어
분에 넘친 사랑을 안고 자누나

이 밤이 지나서 새날이 오면
나의 어린 하나님은
길 떠날 텐데…

이제는 꿈이 깬 듯
텅 빈 자리에

날마다 여물통이 되어 살아도
내 속에 보이잖는 향기가 남아

먼 나라 하나님 앞에
어여쁘게 살아여라

그 대신에 너는

내가
초라한 구유에 태어나리라
그러나 그 대신에 너는
따스한 축복 속에 탄생하기 원하노라

내가
이름 없이 빛 없이 자라나리라
그러나 그 대신에 너는
아버지의 은총 속에
귀중히 여김 받기 원하노라

내가
머리 둘 아무 곳 없이 살아가리라
그러나 그 대신에 너는
아름다운 보석집에
행복하게 살기를 원하노라

내가
고난의 십자가 지고가리라
그러나 그 대신에 너는
밝고 빛난 황금길로
자유의 날개 달고 가기를 원하노라

내가
피 흘려 온전히 죽으리라
그러나 그 대신에 너는
흠 없이 점 없이 거듭나기 원하노라

내가
사랑하는 네 곁을 잠시만 떠나리라
그러나 그 대신에 너는
인자하신 성령을
선물로 받기를 원하노라

내가
아버지 앞에 늘 너를 위해 대언하리라
그러나 그 대신에 너는
착한 행실로
빛과 소금되기 원하노라

내가
너를 위해 아름다운 처소를 예비하리라
그러나 그 대신에 너는
다만 그 나라와 의를 구하여
기도하기 원하노라

내가
너를 데리러 다시 오리라
그러나 그 대신에 너는
하얀 세마포 입고
나중까지 견디며 기다리기 원하노라

내가
너를 더없이 사랑하리라
그러나 그 대신에 너는…

더 이상 내가 무슨 말 하리요
다만, 네가 나의 어여쁜 신부로 영원히
함께 살기를 원할 뿐이라

돌아오라 그 길에서

천 번을 더 부르랴
만 번을 더 부르랴

암탉이 그 새끼를 날개 아래 모음같이
내가 너희를 모으려 한 일이 몇 번이냐

돌아오라 그 길에서
그러면 나의 피로 씻기어주마
영원한 내 집에 데려 가 줄께

몇 날을 더 보내랴
몇 밤을 더 보내랴

집 나간 탕자를 기다리다가
나이 든 그 아버지 한숨짓는데

돌아오라 그 길에서
그러면 아무 것도 묻지 않으마
살진 소 잡아서 잔치해 줄께

이제는 일어나
내 품에 돌아오라

너를 위해 피 흘리고
끝까지 죽은
내 사랑을 어찌 작다 하느냐

하루를 천 년같이
천 년을 하루같이
기다리는 내 가슴 숯같이 타는데

얼마나 더 참으랴
얼마나 더 참으랴

나의 십자가

이 십자가 없었다면은, 나는
내 연약함 알지 못하였으리

그래서, 그 분을 향하여
도움을 청하지도 못하였으리

이 십자가 없었다면은, 나는
그 분의 고통 알지 못하였으리

그래서, 내 평안이 오히려
눈물 되는 것
도무지 알지 못하였으리

알지 못하여
교만의 날개 달고
날아갈까 봐

어느 낭떠러지 앞에서
내게 지우신
사랑

그 자상하신 사랑이
너무 소중한 나의 십자가

설익은 사과 따서 먹드니

설익은 사과 따서 먹드니
얼른 비리다고 뱉어 내듯이
당신이 십자가 높이 달릴 때
사람들 비웃으며 떠나갔지요

단맛이 안나니 사과가 아니라고
표적이 안보이니 그분이 아니라고

비 맞고
바람 맞고
뜨거움 타서
어느새 가을볕에 익어진 사과,

새빨간 그 빛이 황홀하여라
누구나 보기만 해도 군침이 돌고
정말 맛있어
얘기합니다

채찍 맞고
못 박히고
창에 찔리며
물과 피 다 흘리어 끝까지 주고
비로소 떨치시고 솟구친 생명,

아아, 참으로 눈부시어라
아무도 그 빛에 얼굴 못 들고
진정 하나님의 아들이라
말들 합니다

기다리지 못하고 따서 먹드니
진짜 그 맛을 알지 못하듯

진실 몰라 일찌감치 외면하드니
낙엽처럼 떨어져간
숱한 영혼들

원망

왜 이렇게
환히 볼 수 없냐고
투정하다 가만히 생각해 보니
내 마음 빼꼼히 열리어져서
미처 못 들어온 당신이 보입니다.

왜 이렇게
조그맣게 들리느냐고
짜증내다 가만히 생각해 보니
내 귀가 소음에 가는 귀 먹어
소리쳐 얘기하는 당신이 보입니다.

왜 이렇게
멀리 계시느냐고
슬퍼하다 가만히 생각해 보니
언제부턴가 모르게 나를 업고서
묵묵히 걸으시는 당신이 보입니다.

불신보다 오히려 가슴이 아파
미움보다 오히려 마음 절이어
오늘도 무릎 꿇어 발 씻기시며
무겁게 고개 숙인 당신입니다.

눈앞에 계시옵기에

당신이 눈앞에 계시옵기에
나 용감히 바다에 뛰어듭니다.

당신께로 가는 길 거기 있기에
시련의 폭풍우 이겨냅니다.

하지만, 아직은
연약한 사랑

살아계신 당신보다
눈앞에 선 당신보다

포효하는 성난 물살 더욱 가까워
그만, 생명의 길 놓쳤습니다.

그러나 당신은 내게 다가와
가만히 손 내밀어 건져 주시며

-왜 의심하였느냐-
그 한 마디만

부끄러운 나의 맘 이미 품고서
평안의 길로 데려가십니다.

다듬은 돌로 쌓지 말아라

만물을 말씀으로 창조하시고
보시기에 좋았더라 기뻐하신 이

그분도 다시 손대지 않은 것
네 지혜의 미련함으로 쪼지 말아라

애초에 만족하신 그 모습 그대로
아무 자국 남지 않게 그냥 그대로

온전한 산제사 드리려느냐
다듬은 돌로 쌓지 말아라

부정한 손대어 어설퍼지면
그분이 모르신다 돌아앉을라

너를 처음 빚으신 이
너를 기억하시나니

있는 그대로가
가장 아름다움이여

그분이 그것을 가장 기뻐하시나니

너는 모르리

아픈 이 사랑 너는 모르리
아무 말 하지 않고
아무 변명 하지 않고
그저 묵묵히 끌려가는 걸음

아픈 이 사랑 너는 모르리
그렇게 함께했건만
그렇게 사랑했건만

아무도 잡는 이 없고
아무도 돕는 이 없고
오직 홀로 져야하는 십자가

누군가 나를 알겠지
누군가 나를 보겠지

기꺼이 모든 걸 참고 있는 걸
기꺼이 모든 걸 다 바치고 있는 걸…

마냥 속으로 기도만 하는

이 빛나는 사랑
너는 모르리

이런 길

햇빛 속에 너울거리던
눈부신 나비가
굴속 같은 고치 속으로 들어갔도다

숨 막히는 답답함도
칠흑 같은 어둠도
다 소리 없이 견디었도다

어느 날, 고치 속에서
기어 다니는 벌레로 태어났도다

나르지고 못하고
아름다웁지도 않게
한낱 벌레 되어 살아가다가
한낱 벌레처럼 짓밟혔도다

아, 누가 이런 길을 알 수 있으리
하나님의 꿈꾸신 것이
이렇게 벌레 되어 죽는 길임을…

누가 이런 인생을 원하랴
누가 자청하여 나비가 벌레 되랴

하지만 오직 한 분
하나님의 아들이신 우리 예수님이
벌레 같은 인생으로 오시었다가
벌레만도 못하게 죽으셨도다

그러나 그것은 영원한 승리
영원한 영광으로 태어나는 길

하나님의 아들로 인정되셨도다

너무 눈부시어
감히 인생은 쳐다볼 수도 없는 광채로 두르셨도다

아, 누가 이런 길을 알 수 있으리
우리의 꿈꾸는 것이
이렇게 벌레 되어 죽는 길임을…

가슴 아픈 사랑이야기

1

어느 먼 옛날
사랑으로 못 견디게
가슴 부푼 이 있었네

자기와 닮은 사랑
고운 흙으로 빚어
사랑의 입맞춤 가만히 하였네

말할 수 없는 사랑
뜨거운 숨결에 실어…

그 사랑
신비한 생명이 되었네

눈앞에 너무도 어여쁜 그 사랑
잘못된 길로 갈까 마음 안 놓여
엄하게 사랑의 말
일러주었네

혼자서 노는 모양 안쓰러워서
서로 사랑할 이
짝져주었네

둘이서 사랑하는 모습
너무 흐뭇해
축복하고
축복하고
모든 것 다 주었네

2
어느 날 어느 순간에
사랑하는 이
너무도 놀라운 광경을 보았네

가지 말아야 할 길
가지 말라고 당부한 그 길로
그의 사랑이 가고 말았네

아무 것도 모르는 아기처럼
어리석고 불쌍한 이가 되고 말았네

사랑으로 가슴 타는 이
견딜 수 없어
부끄러운 그들에게
질기고 따듯한 가죽옷을 지어 입혔네

거칠고 추운 세상길에서
저들의 여린 살을 감싸 줄
사랑의 옷

3

사랑을 떠나서 멀리 가더니
그들은 점점
더러워지고 악해져 갔네

하지만 여전히
사랑하는 이

흐르는 젖줄 불고 불어서
아픈 젖통으로 신음하고 있었네

이 넘치는 사랑 주고 싶은데
이 넘치는 사랑 주고 싶은데

어디 있느냐 나의 아가야
어디 있느냐 나의 어여쁜 사랑아

진흙탕이 범벅되어
엉망이 될지라도

나의 눈은 네 속에서
순결의 옥을 보네

체념할 수 없는
그 사랑의 모습을 보네

4

멀리멀리 떠나서
아예 그 사랑을 잊어버리더니
이제는 원수같이 소리치며
달려드는 그들

아무리 미워할지라도
아무리 조롱할지라도

그 사랑
조용히 눈감고
희망을 꿈꾸네

먼 훗날 그들과 함께
아름다운 사랑으로
가슴 벅찰 그날을…

5

뜨거운 그 사랑
죽음 속에서
새 생명의 꽃으로 다시 피었네

신비한 그 향기

가까이 다가온 모든 이 가슴에
그 사랑 닮은 생명을 피우네

죽음도 이겨 낸
놀라운 사랑의 힘

지금도 여전히
영원을 향하여 뻗어 나가네

당신은 찾으십니다

두려워서 당신을 못 떠나는 사람
복을 주십사고 구걸하는 사람
빛난 금목걸이로 당신을 걸고
마냥 혼자서 즐거운 사람…

당신은 슬퍼서 아무 말 않지만
그 마음 알아줄 이 찾으십니다.

사랑의 가슴으로 목말라 하는 사람
아낌없이 다 주고도
여전히 아쉬워 가난함을 앓는 사람
당신 사랑 감당 못해
그만 사랑의 열병에 헤매이는 그 사람…

당신은 일체 아무 말 않지만
당신 닮은 그런 사람
찾으십니다.

그분은 당신을 기다리는데

부자라서 근심하며
예수님을 떠나면서도
왜 가난함을 만들지 않습니까

문명 때문에
죄로 무딘 양심이 됐다면서
왜 원시로는 못 돌아가십니까

교만하여 스스로
자꾸 넘어지면서도
왜 겸손하길 배우지 않습니까

알량한 당신의 지혜 때문에
그분이 걸려서 못 들어오시는데
왜 순수의 동심은 가지지 못합니까

언제까지 그대로
머물러 있다
이 세상 마치면 어찌합니까

굳어져버린 습성이라
안된다면서
왜 그분 앞에 무릎 꿇진 않습니까

그분은 당신을 기다리는데
지금도…

당신을 인정한다는 것은

1

당신을 비로소 인정한다는 것은
단단히 박혀진 커다란 못에
무거운 보따리 벗어 거는 일입니다.

긴 날을 홀로 지고 땀 흘리던 것
홀가분히 내려놓는
안식입니다.

당신의 큰 못은
반석 위에 박혀져
어떠한 무게도 감당해 주십니다.

2

당신을 범사에 인정한다는 것은
해보다 밝은 등불 당신 삼아서
자신의 가는 길 비추려는 일입니다.

당신을 언제나 높이 모시어
영원의 밝은 길
찾으려는 지혜입니다.

당신의 등불은

모든 길을 비추어
어느 길이 참길인가 다 보여 주십니다.

3

그리고 한편으로
당신을 오로지 인정한다는 것은
당신밖에 사랑할 이 아주 없어서
날마다 그 이름만 부르는 일입니다.

가난한 그 사랑 온전케 하실 이
언제고 기다리는
짝사랑의 버릇입니다.

당신의 이름은
영원한 약속이어
다시 오마 하신 말씀 지키십니다.

사람들 얘기

빛이 지구를 일곱 바퀴 반 돌아
삼천 육백 번에
스물네 번을 곱하고
또 일 년 삼백 육십 오일을 곱하고

그 속도로 삼천만 번을 가야지만
겨우 별 하나 만난다고
사람들은 말합니다.

하나님의 말씀 한마디
-빛이 있으라- 하시매
-뚝딱- 빛이 있었고

하늘, 땅,
해와 달, 별
그리고 새와 물고기
동물과 사람

그 모든 것이
-뚝딱-
말씀 한마디로
그리도 쉽게 지어졌는데

사람들은
읽을 수도 없는 길다란 숫자로
별과 별 사이를 얘기합니다.

하나님 계신 곳과
우리 사이에는
사닥다리 하나로도 충분하고

아니, 더 가까이
내 마음에 닿을 만큼
아주 가까운데

사람들은
읽어도 읽어도 끝나지 않는
길다란 숫자로 계산합니다.

도대체 그래가지고
어떻게 저 우주 너머
하나님 나라에 갈 수가 있을까요

참,
하나님이 얼마나 웃으실까요

당신의 말씀으로 돌아오게 하옵소서

당신의 말씀으로 돌아오게 하옵소서

거기엔,
순수의 우물
생명의 풍성한 열매
때로는 잘못을 때리는 아픈 매도 있지만

언젠가 당신의 유업 이을 자답게
흠 없이 겸비시키는
사랑의 매인 걸

이 세상 모든 것
헛되고 헛되어
잠시만 아름다운 오색 무지개

어리석은 사람들 그 빛에 속아
끝없는 산골짜기 헤매이다가
그만 길 잃고 주저앉는 걸

당신 앞에 돌아와
마음 문 열면,

당신의 말씀은 단비와 같이

자라나는 우리 영혼
푸르게 풍성하게 열매 맺게 하시고

당신의 말씀은 어머니같이
철없는 우리 마음
속속들이 보살피어
떠나가지 말고 함께 살자 하십니다.

오오 주여,
당신을 떠난 모든 사람들
당신의 말씀으로 돌아오게 하옵소서

나의 길

가야 할 길이
따로 있어서
그리도 쉬임 없이 당신의 지팡이로

때로는 가로막고
때로는 토닥이고
또 어떤 땐 아프도록 때리기도 하셨던가요?

세상에선 외로와
꿈꾸은 하늘

거기가 바로
하나님 당신의 가슴이던 걸

비로소 나의 길을 찾았을 때에
그토록 넓은 가슴에 안으시던 걸

조용히 뒤돌아 되새김하며
이 아침은
슬픈 듯이 기쁘옵니다.

제4부

기도

* 기도
* 어쩜 그날을 알지 못하여
* 주여, 당신은 아시나이다
* 나는 당신의 작은 아이
* 소리
* 옹달샘
* 나는 목수
* 달리 아무런 방도가 없습니다
* 나를 씻어 주소서
* 가난한 영혼
* 지금은 이렇게
* 나로 아름다워지게 하소서
* 온전히 쓰임받기 원이옵니다
* 빛으로 가득 채우소서
* 빛이 될 꿈꾸며

기도

금향로 가득히 향불 담고서
보좌 앞 금단에 바치올 때에
아버지
눈감고도 알고 계시리

빛나는 보좌에 높이 앉으사
올올이 꽃피는 향내 맡으며
내 주님
눈물지며 울고 계시리

우리가 잠시만 쉬고 싶다고
등 돌려 잠속에 빠져들 때에
내 사랑
깨어있어 기도라고

그날이 오리라 하신 예수님
지금도 내 속에 안타까와서
조금만
조금만 더 견디라 하네

행여나 끊어져 사위잖을까
날마다 한숨져 잠 못 이루며
오실 날

그때까지 지켜 남아서

향연이 하얗게 피어오를 때
내 영혼 기도로 모다 풀어서
끝없이
당신 앞에 바치오리다

어쩜 그날을 알지 못하여

어쩜 그날을 알지 못하여
나 조용히
채비하고 있습니다.

불현듯 당신이 찾아오시어
내 사랑아
하고 부르실까 봐

어쩜 그날을 알지 못하여
나 가만히 귀 기울여
당신의 속마음을 듣고 싶어합니다.

여전히 나를 사랑하시어
만나자던 그 약속
잊지 않고 계실까

어쩜 그날을 알지 못하여
나 오늘도 여전히
기도합니다.

꿈같이 당신이 지금 오시어
가만히 내 모습 보아 주시면
얼마나 좋을까 생각하면서

주여, 당신은 아시나이다

주여,
우리가 당신의 생기를 받아
생명 있는 동안에는
썩지 않습니다.

그러나 당신이 거둬 가시면
우리 생명은 끝이 나고
우리는 그대로 썩어집니다.

한 무더기 흙뿐인
우리의 목숨

당신이 돌아서면
우리 마음 병이 들고
당신이 떠나시면
죄악으로 차오릅니다.

주여,
당신과 하나인 우리

만족이라는 생명수는
오직 당신을 통하여만
공급됩니다.

당신을 떠나서는
단 1초도 온전할 수 없는 존재

우리의 연약함을
주여, 당신은 아시나이다.

나는 당신의 작은 아이

세월은 머리 위로 자꾸 지나가는데
나이를 먹을 수 없는 병이 있대요

친구들은 멋진 어른으로 행세들 하는데
혼자서 새로운 애들만
사귀어야 하는 아이

하늘나라에서는 병도 아니겠지만
세월 따라 늙어가는 이 세상에선
창피하고 외로운 불치병이래요

하나님,
저들은 몰라요

자기들 얼굴 위로 스치고 간 세월이
하나 둘 늘어가는 허무함을 그리는 걸
오히려 날마다 새 꿈을 꾸는
이 어린아이가 얼마나 부러운지

하나님,
이 세상 만물이 나를 놀려도
나는 당신께 감사할래요

나는 당신의 작은 아이
언제나 당신 품에 놀 수 있으니까요

당신이 사랑하신 어린이로서
천국이 저들 것인 어린애로서

소리

내 마음 깊은 곳
텅 빈 거기에

해맑은 소리
심어 주소서

마음 문 열리어
소리 내면은

아름다운 노래가
되게 하소서

지친 영혼 그 소리에 눈을 감고서
샘물같이 솟는 꿈 꾸게 하소서

나만의 고운 음색
갖게 하소서

갖가지 소리들이
섞이어 질 때

아름다운 하모니
되게 하소서

분수를 모르고 혼자 튀어나
불협화음 만들지 말게 하소서

정성을 다한 내 소리 땜에
그 전체가 돋보이어 빛나게 되도

나 겸손히 숨는
소리렵니다

옹달샘

당신이 내 가슴에
파 놓으신
옹달샘

이 깊은 심연을 채워 주소서

첫새벽
가득히 샘물 고이면
가만히 가랑잎새 헤치고 나서
당신께 한사발 떠 드리지요

이슬이 영롱히 반짝일 때엔
귀여운 산새들
또랑길 따라
즐거웁게 재잘대며 목 축이우고

먼 길 힘겨웁게 걸어온 나그네
목마르고 지쳐 괴로워하면
한참을 들이키다 가라 하지요

나는 목수

아무 거라도
주십시오

통나무라도
널판지 하나라도

내게는 순종이라는
연장통 있어

거기엔,
망치도
톱도
크고 작은 못들도
다 있습니다

당신이 주신 통나무로는
쪼개고
다듬어
예쁜 집 짓고,

당신이 주신 널빤지로는
매끄럽게 갈고 닦아
마루 만들어

사람들 쉬어가라
깔아 드리죠

그저 아무 거라도
내게 주십시오

나도 당신처럼
목수니까요

달리 아무런 방도가 없습니다

달리 아무런 방도가 없습니다.
당신이 지어 입히신 가죽옷 입고
이 저주받은 세상을 안으렵니다.

먼 어느 날,
나 때문에 버림받고 고통을 당한
고아 같은 이 땅을 가꾸려면은

분노보다 질긴 사랑
두껍게 두껍게 끼어 입어도
원망의 가시 피할 순 없겠지만…

달리 아무런 방도가 없습니다.
당신 혼자 시작하신 사랑이라도
당신 앞에 서면은
이 부끄런 옷은 벗으렵니다.

먼 어느 날,
나 때문에 옷 벗기고
배신을 당한
상처 입은 그 마음 녹이려면은

빛보다도 투명한 속살

아무리 천만 겹을 벗어 내어도
당신에겐 못미칠 사랑이지만…

오늘도 나는
두 개의 모습

세상을 향하여는 가죽옷 입고
당신을 향하여는 벗고 또 벗습니다.

나를 씻어 주소서

벌거벗고
벌거벗고

맨몸으로
맨손으로

눈물마자 속에 무거워
다 흘려버리고

아무 것도 남김없이
당신 앞에 서리이다.

무엇이 남아
그것으로 나뭇잎 삼고
당신 앞에서 숨으려 도망친다면

내 속에 흐르는 피
그나마도 다 버리고
나는 가야 하리이다.

당신은 너무도 많은 눈을 가지고
사방에서 나를 보며 기다리고 계시지만

아직도 내 속에 무엇이 남아
당신이 빚으신 나의 알몸을
이렇게 속에서 부끄러워하나이다.

나의 주님이시여
나를 씻어 주소서

양심으로는 씻기지 않는
무엇이 있어
이리도 나를 벗기우지 못하나이다.

가난한 영혼

가난하여
너무 가난하여

지어내는 시조차도
가난한 영혼

그런데도 당신은 내게 오시어
자꾸만 무얼 달라 하시는지요

더 이상 감출 것도 남지 않아서
아무런 줄 것도 내겐 없는데

당신은 내 마음 깊은 어디에
당신이 숨긴 보물 있다 합니까

그 숨은 꽃 곱게 피워서
순결한 향기
피워 달라 하십니까

찾게 하소서

가난한 농부가
보물 묻힌 그 밭을 찾은 것처럼

그 농부
전 재산 다 팔아 그 밭 샀듯이

보옥의 마음밭

내 가난함 다 주고
사게 하소서

지금은 이렇게

길가에 먼지 앉아
볼품없는 돌멩이

당신의 숨결로 불어 주소서
그래도 무슨 뜻이 있을 것 같아

맑은 물에 구르는 조약돌로 씻기소서
바람보다 깨끗이 향기로운 살결로

당신에게 어여쁜 생명이 되어
날마다 향내 나는 호흡으로 살고파

풀숲에 보이잖게
피어난 들꽃

당신의 손길로 매만지소서
어쩌면 가까이 바라볼수록
색다른 고움이 있을지 몰라

차가운 소낙비로 감겨 주소서
목숨보다 질긴 뿌리로 내려
어느 폭풍에도 숨지지 않고
찬란히 오실 그 얼굴 뵙고파

지금은 이렇게,
어둠 속에 홀로 깨어 있는 영혼

조용한 당신의 발걸음으로
이 깊은 어둠을 열어 주소서
아침 햇살보다도 눈부신 기쁨으로

그 기쁨의 불씨 가슴에 담고
나도 하나의 작은 빛 되어
어둠 속 영혼에게 찾아가고파

나로 아름다워지게 하소서

그는
연한 순 같고
마른 땅에서 나온 줄기 같아서
고운 모양도 없고
풍채도 없은즉
우리의 보기에 흠모할 만한
아름다운 것이 없도다

그러나 그는
누구보다도 아름다운
나의 사랑입니다

사람들 보기에는 어떠하든지
나는 그의 아름다움을 보았나이다
그의 아름다움을 사랑하나이다

내가 그의 아름다움을 아는 것처럼
사람들이 멸시하여 싫어 버린바 된 그를
내가 사랑하는 것처럼

나로 아름다워지게 하소서

사람들은 나를 싫어 버릴지라도
그가 나를 사랑할 수 있게
사람들은 내게서 얼굴을 가리울지라도
그가 나를 아름답다 말할 수 있게

-겉사람은 후패하나
우리의 속은 날로 새롭도다-
그와 함께 가슴으로 속삭이게 하소서

보이는 것은 잠간이요
보이지 않는 것은 영원함이니이다

사람들 보기에는 어떠하든지
아름다운 나의 사랑 앞에서
나로
아름다워지게 하소서

그 앞에서 나로
영원히 아름다운 사랑이게 하소서

온전히 쓰임받기 원이옵니다

유순하고 순결한
마리아도 쓰셨지만

음탕하고 죄에 찌든
고멜도 쓰시고,

우아하고 아름다운
사라도 뽑았지만

이방 나라 기생인
라합도 택하셨네

아아, 하나님의 속셈은
알 수가 없어

나같이 못난 것은
어디에 쓰시려고

여지껏 버리잖고
데불고 오셨는지

나의 하나님이여,

당신 앞에 고개 못 들
이 죄인이지만

성경 속에 이름 적힌
여인들처럼

온전히 당신 손에
쓰임받기 원이옵니다

빛으로 가득 채우소서

빛에만 거하시는 주여

한 점 그늘 없이
서로를 품으시며

겹칠수록 눈부신 순수로 하나 되어
마냥 행복한 지고의 사랑이여

아버지의 영광이 나의 영광이라
아버지의 기쁨이 나의 기쁨이라

목숨을 바치어도
눈부신 아름다움

그 빛에 거하라 하셨던가요
당신들의 그 사귐에 함께하자고…

오오, 빛이신 주신

작은 그림자도 무거워 내려앉고
소리 없는 한숨도 메아리져 퍼져가는
그 눈부신 투명함을 사모하나이다.

여울진 인생이
그늘에 앉아
감히 당신을 바라보나이다.

당신의 빛을 기다리나이다.

이 영혼 가득히
가득히 채우소서

빛이 될 꿈꾸며

양파 껍질 벗기듯이
나를 벗는다

나의 본성
나의 타성
허물과 죄뿐인 모든 것들을

온전한 빛으로 닿을 수 없을 때
순수로 부활하는
나를 보고파…

끝없는 껍질들
자꾸 벗는다

빛이 될 꿈꾸며

한 닢
또 한 닢

한 닢
또
한 닢…

제5부

이삭줍기

* 이삭줍기
* 골목
* 열매를 바친 나무
* 저도 알아요
* 내가 지치고 초라한 날은
* 내게 아무 것 없어도
* 기도줄
* 내 영혼은
* 원시
* 참 지혜
* 주고 나면
* 한 영혼이 떨고 있네
* 이제 나는 노래할 수 있어요
* 당신이 유독 환한 빛이어서
* 사랑의 증거
* 아서요, 주님
* 당신의 사랑이 내 마음에 차오르면
* 주님 닮게 만들어 주셔요
* 눈을 감지마
* 한 몸
* 되새김

이삭줍기

추수가 한참 끝난 들판에서

이제는 널려진 이삭들을
주워 모을 때

알뜰하신 우리 주님
모두 주워 오라시네

열 두 광주리 가득가득
채우라시네

행여
못 보고 지나친 알곡

새들이 몰래 와
쪼아 먹을까

밤새 들쥐가
먹어 버릴까

주님은 조바심 나서
재촉하시네

애들아! 어서어서
주워 오너라

고랑마다
이랑마다
살피어 가며

한 알의 이삭도
남기지 말고

해는 져서
사람들
하나 둘 가고

이제는 텅 빈 들녘
주님만 홀로
허리 굽혀
쉬지 않고 줍고 계시네

행여
남겨진 이삭 없을까

어디

버려진 알곡 없을까

날은 자꾸
어두워져 가는데

주님 허리는 아직도
펴질 줄 모르네

골목

골목은
작은 물고기들의
황금 어장

얘들아, 가자!
네, 선생님!

고사리 같은 손을 잡고
옹기종기 매달리며

선생님 따라 교회 가는
예쁜 발자국들

골목은
천국 가려고 서성이는
아이들의 간이역

오늘은 어느 골목에서
누굴 만날까?

열매를 바친 나무

주렁주렁 맺힌 열매
내게 주신 그분께
모두 바치고

나는 또
외로운 나무가 되리

애초에 그랬듯이
다시 또
가난한 나무가 되리

그리고,

휑하니 텅 빈
가슴을 모아

꽃 피고
새잎 돋는
봄날을 기도하리

또다시 열매 맺힐
꿈을 위하여

저도 알아요

지치고
시장하셔서
우물가에 가신 주님

목마른 사마리아 여인
생명수 떠 주시고

당신은 배부르다고
만족하셨죠

주님,
저도 그 기분 알아요

가난한
내 옹달샘
샘물 고이면

정히 떠서 한사발
당신께 드리고

나는 그대로 행복해져요
그냥 왠지 배불러져요

주님,
주님도 제 기분 아실꺼예요

내가 지치고 초라한 날은

사람들은
내가 지치고 초라한 날은
나를 떠나지

나를 붙잡아줄 생각은 않고

그들의 핀잔은
나를 더욱 상처 내고
그들의 조롱은
나를 더욱 슬프게 해

내가 지치고 초라한 날은
아예 내가
모두를 떠나지

아무도 눈치챌 수 없는 곳으로

말없는 침묵이
나를 감싸주고
여전한 모든 것들은
나를 더욱 새롭게 하지

내게 아무 것 없어도

하나님,
나는 왜 이렇게 가난할까요

당신께 드릴 것도
사람들에게 줄 것도
내겐 없어요

모두에게 기쁨이 될 만한 게
하나 없어요

그러나
내게 아무 것 없어도
당신은 나를 사랑하셔요

그래서 내 마음을
기쁘게 해 주셔요

하나님,
나도 당신을 닮아

아무 것도 없는 사람
사랑할래요

그래서
그의 가난한 배가
샘솟는 기쁨으로
가득차게 해 줄래요

기도줄

골방에 문 잠그고
눈을 감으면

하나님 보좌 앞에
올리우는 기도줄

볼 수도
갈 수도
없는 거리를

오르락
내리락
주고받는 기도줄

미숙하고
부끄러워
어설픈 기도가

눈부신 기쁨으로
응답되어 내려오네

내 영혼은

나는 이렇게
죄에 눌리고 찌들어

감히
당신을 뵈올 수 없지만

내 영혼은 독수리같이
빠르게 날아

늘 당신을
만나게 하소서

당신
발 아래
다정히 앉아

주거니 받거니
얘기 나누며

내 영혼은 언제나

투명한 기쁨으로
충만하게 하소서

원시

내 눈의 시력은
원시

가까운데 건
보지 못하고

먼 데 것은
잘 보는

내 눈은 원시

눈앞에 건
희미해서
자꾸 졸립고

멀리 것은
더욱 아름다와
내 눈을 빛나게 해

샛별 같은
눈이 되어

아주아주 먼 데만
자꾸 보고 싶어하네

참 지혜

참 지혜는
언제나 그분을 인정하는 것

참 지혜는
오직 그분께 순종하는 것

또한, 참 지혜는
내 모든 걸 그분께 다 바치는 것

왜?

그러면 그분은 우리에게
모든 걸
영원히
갚아 주실 테니까

주고 나면

주세요
당신에게 있는 그것으로

주고 나면
그만큼
빈다고 생각 말고

준 것보다 더 많이
누르고 흔들어 넘치도록
채워 주셔요

주세요
당신에게 있는 모든 것으로

가졌다고
모두가
내 것이라 생각 말고

아낌없이 주고 나면
텅 빈 거기에
눈부신 보배들로
채워 주셔요

위로만 쌓올리는
욕심을 좇지 말고

속으로 깊어지는
기쁨을 소유해 봐요

한 영혼이 떨고 있네

한 영혼이 떨고 있네
어두운 벌판에 홀로 서서
갈 길을 잃은 채
울지도 못하고 있네

주여
저 영혼 안아 주소서

따스한 당신 품에서
마음껏 울게 하소서

한 영혼이 떨고 있네
갈 길 몰라 헤매이며
겁먹은 두 눈은
간절히 누군가를 찾네

주여
저 영혼 만나 주소서

뜨거운 당신 사랑에
모든 아픔 녹게 하소서

당신이 필요한 저 영혼

당신이 필요한 저 영혼

그러나 불쌍하게도
아직 당신을 모르는 영혼

주여
저 영혼을 구원 하소서

당신의 사랑이 필요한
저 영혼…

이제 나는 노래할 수 있어요

다시금 어둠 속에 빠져 버린 영혼
무거운 한숨만 토하고 있네

어제는 화창한 봄날 같더니
오늘은 먹구름이 잔뜩 덮여서
태양은 영영 사라진 것만 같아

아무도 오는 이 없고
누구에게도 갈 수가 없어
깊은 수렁 속에 홀로 빠져 있네

하지만 나는 아네
시간이 지나면 변하는 것들

내 마음도
저 하늘도
또 많은 사람들…

칠흑같이 어두운 밤이 지나면
눈부신 아침이 시작되는 걸

그날엔 새들이 나뭇가지 사이로
즐거운 새 노래 지어 부르고
이름 모를 꽃들은 고개 쳐들어
따스한 언덕길에 나들이 나온다네

시간 속에 갇혀진 우리에게는
그 어느 것도 영원한 것은 없네

변하고
잊혀지고
새로워질 뿐

이 세상 어느 것도
절대적인 것은 없어

심지어 내 생각
내 마음까지도…

그러나 나는 아네

우리의 본질을 아시는 그분
들꽃 같은 우리를 지켜보시는 그분이
이렇게 불완전한 나를
사랑하신다는 걸

그 사랑이 다시금
나를 붙드네

그리고, 조용히 속삭이시네
애야, 네 꽃잎이

바람에 조금 흔들리면 어떠니
하지만 너의 뿌리는
뽑히지 않는단다

그래요 주님,
나는 오직
주님 위해 피어난 들꽃

내가 흘리는 작은 한숨도
내 꽃잎이 흔들리는 그 모습조차도
당신 앞에선 어여쁜 사랑이겠지요

이제 나는 노래할 수 있어요

때로는 기쁘고 즐거운 노래
때로는 슬픈 노래도 마음껏
자유롭게…

모두가 당신께는
아름다운 음악이 될 테니까요

당신이 유독 환한 빛이어서

당신이 유독 환한 빛이어서
사람들 당신을 싫어했어요
자기들의 악한 것이 드러나니까
아무리 감추어도
당신 앞엔 숨길 수가 없으니까

당신이 유독 깨끗한 빛이어서
사람들 당신을 꺼려했어요
자기들의 더러운 것이 보여지니까
아무리 물로 씻어도
당신 앞엔 견줄 수도 없으니까

당신은 꾸미지 않아도
아름다운 빛이어
사람들 당신만 보면
히스테리를 일으켰어요

자기들은 명예로, 권세로, 부로
아무리 치장해도
감히 흉내조차 낼 수도 없으니까

가는 곳마다 당신은
사람들을 미치게 했어요

미움과 시기와 질투로…

당신은 오로지
사랑을 갖고
친절히 그들에게 찾아갔지만

사랑의 증거

당신은
십자가로
그 사랑 보이시어

아무도
그 앞에서
불만하지 못합니다.

당신은
십자가로
모든 죄 덮으시어

누구나
그 앞에서
새 사람이 됩니다.

당신은
십자가로
죽음을 이기시어

우리는 그 앞에서
자유자가 되었습니다.

십자가는
우리 위한
당신의 사랑

맹세보다도 뚜렷한
사랑의 증거

주님,
우리에게도
당신 앞에 보여 드릴
사랑 있다면

그 작은 사랑

무엇으로 당신께
증거할까요

아서요, 주님

날 안아 주시려고
가슴 넓게 벌리시다
채찍 맞고
창에 찔려
물과 피 쏟으셨네

두 손 크게 펴시다
대못에 박히셨네

날 안아 주시려고
달려 일어서 오시려다
두 발목 못 박히어
공중 높이 들리셨네

그 이마 둘린 가시
깊숙이 박히었네

오, 사랑의 나의 주님
당신의 아픈 십자가
내 마음을 찌릅니다

못 박히신 그 모습
내 가슴을 못질합니다

그래도 여전히 내게 오시려
더욱더 상처 나고 피 흘리시는 주님

아서요, 주님
이젠 제가 가옵니다

날마다
십자가 앞에
제가 찾아가옵니다

이 작은 가슴으로
주님 안아 드리고파…

당신의 사랑이 내 마음에 차오르면

당신의 사랑이 내 마음에 차오르면
하나 가득 부푸는
기쁨의 마음

만나는 이마다
눈길을 통해

내 마음의 기쁨을 나눠주고 싶어요

반짝이며 내비치는
눈빛을 통해

당신 사랑까지도 나눠주고 싶어요

당신의 사랑이 내 가슴에 차오르면
하나 가득 넘치는
행복의 마음

만나는 이마다
내 작은 입으로

이 가슴의 행복을 말해주고 싶어요

터질 듯이 부풀은
내 목소리로

당신 사랑 모두 말해주고 싶어요

주님 닮게 만들어 주셔요

주님
저도 주님을 닮아야 해요

주님과 사랑에 푹 빠졌다고
동네방네 소문이 나 버린 걸요

주님을 모르는 사람들
소문만 듣고

나를 보면서
주님을 짐작할 거예요

내가 천박스럽다고
주님까지 무시하면 어째요

내가 말만 떠벌인다고
주님에게까지 실망하면 어째요

사랑은 끼리끼리
하는 거라면서

그러니 주님
저도 주님을 닮아야 해요

나를 보면
주님이 어떤 분인지 알게요

내 모습만 보아도
주님을 사랑할 수 있게요

그러니까 주님
저를 주님 닮게 만들어 주셔요

눈을 감지마

내 사랑아
자꾸만
눈을 감지마

어여쁜 네 모습
언제고 보고 싶어

나를 보고 웃는
네 얼굴이 사랑스러워

내 사랑아
자꾸만
눈을 감지마

네 앞에서
춤추는 나를 봐 주렴

부수어지는 은빛 햇빛
하늘거리는 나뭇잎새

파란 하늘엔 살포시
흰 구름도 놓았어

나는 이렇게 너 때문에
하루종일 너를 기쁘게 해 주려고
분주히 깨어서 정신없는데

너는 왜 내 마음은 아랑곳하지 않니

눈을 감지마 자꾸
눈을 감지마

나와 함께 온종일 지내자꾸나

한 몸

주님 맞으신 채찍 소리가
나를 말갛게 깨어나게 합니다.

주님 흘리신 그 보혈이
나를 정하게 씻어 줍니다.

주님 못 박던 망치 소리가
나를 뜨겁게 사랑하게 합니다.

주님 아버지를 부르시던 그 절규가
나를 가슴 절이게 기도하게 합니다.

주님 끝내
힘없이 떨구시던 그 고개가
나를 한없이 울게 합니다.

주님!
주님!

제가 주께 가옵니다.

당신의 당하시던 그 고통
나를 이끄사

당신의 새 생명으로
다시 태어났습니다.

당신과 영원한
한 몸이 되어…

되새김

우리의 마음 곳간마다에
하나님은 이미
가득가득 보화들을 채워주셨다.

보이는 욕심들을
휴지처럼 버릴 때
우리는 자신 속에서
감추인 보화를 꺼내어 쓰며
아무도 따를 수 없는
갑부가 된다.

내게 아무 것 없어
가난함으로 목마를 땐
아지랑이가 내 속에서
피어나는 걸 보았다

아롱아롱 너무도 눈부시게…

세상에서 지치고 허기진 날은
무언가가 되새김 돼 씹히고 있었다.

-이렇게 맛난 것이
내 속에 있었나?-

□ 해설

눈물로 피운 신앙의 꽃향기

김 석 환

문학박사 · 명지대 교수

1

후기산업화 시대로 접어든 현대의 두드러진 특징 중의 하나가 다양성이라고 할 수 있다. 그러한 징후는 이미 산업혁명 직후부터 나타난 것이다. 그러나 개인의 역할이 세분화 또는 전문화가 요구되고 그에 따라 개인의 욕구와 기호가 존중되는 요즈음 그 다양성은 더욱 심화되고 있다.

따라서 한 사회의 영향을 받으며 살아가는 시인의 내면을 표현하는 시문학은 필연적으로 다양성을 띨 수밖에 없다. 시를 쓰는 시인들만이 아니라 독자층은 물론 그 내용과 형식이 갈수록 다양해진다. 그러한 현상은 시가 이제 소수 전문 시인들과 독자들의 전유물이 아니라 모든 사회인들이 누릴 수 있는 친근한 벗이 되었다는 점에서 바람직한 일이다. 우리 한국시 문학사를 돌이켜 보면 시가는 근대 이전까지 범국민적으로 불리어지던 노래였다는 사실을 상기할 때 이제 시가 제자리를 찾고 있다는 생각마저 든다.

신앙시는 여러 시의 갈래 중 비교적 많이 창작되고 애송되는 것 중의 하나이다. 그 이유는 신앙과 시가 매우 유사성이 많기 때문인 것 같다. 신앙이란 말 그대로 초월자인 신을 우러르며 믿는 것이다. 그런데 시 역시 현실을 그대로 그리는 것이 아니라 상상과 초월의 세계를 창조하는 것이다. 그래서인지 박목월, 박두진, 김현승 등 많은 시인들이 기독교 신앙 체험을 시로써 표현하였다. 그리고 기독교 경전인 성서의 시편은 말 그대로 선지자들의 눈물어린 회개와 감사 그리고 하나님 나라에 대한 그리움을 고백한 시이다.

전미자 시인 역시 오랜 신앙생활을 하는 동안 뜨거웠던 영적 체험들을 시로써 표현하여 한 권의 시집으로 엮어 내고 있다. 속된 세상에 물들지 않고 성스런 하나님의 은총과 가르침을 따라 살고자 드리던 뜨거운 기도가 한 편 한 편의 시를 이루게 된 것이다.

2

> 얼마나 외로와야/꽃이 되느냐//한 곳에 심긴 뿌리/깊이 내리고//조롱하던 해와 달은/아예 눈감아//홀로 지킨 먼 하늘/별을 바라고//아무도 모르는 말/가슴에 담네
>
> -「꽃」 중에서

7.5조의 경쾌한 율조로 이어지는 위의 시는 전 시인의 삶의 자세와 신앙심을 충분히 암시하고 있다. 화자는 먼저 꽃을 향해 '얼마나 외로와야/꽃이 되느냐'는 물음을 던지고 있다. 그는 외로움이 꽃이 될 수 있는 비결임을 알기 때문이다. 그 외로움은 다음 시행이 전개되면서 더욱 구체화 되고 특수화 된다. 그것은 해와 달을 아예 외면하고 (눈 감고) 홀로 먼 하늘을 지켜보고 별을 바라는 외로움이다. 여기서 해와 달은 세속적인 가치의 최고치요 별은 그것과 대조되는 성스럽고 신비한(아무도 모르는) 가치를 상징한다. 그 별은 곧 전 시인이 바라고 믿는 하나님의 세계일 것이다. 그 신비스런 말을 가슴

으로 듣기 위해 한 곳에 깊이 뿌리를 내리고 피는 꽃은 바로 견고한 믿음의 반석 위에서 날마다 기도하고 시를 쓰는 전 시인 자신인 것이다.

뒤에 이어지는 연에서 꽃은 '신비한 이국의 향기', 즉 자신이 간직한 사랑과 별에게서 가슴으로 들은 진리와 은총을 나누어 주고 있다. 그리고 이제 그 꽃은 '찬비가 더운 가슴/식히는 날엔', '다 버리고/떠나가는 넋'으로 명명되고 있다. 전 시인은 그러한 꽃의 운명을 통하여 이 땅의 삶이 다 끝날 때까지 지상적인 것들에 연연하지 않고 초연히 살겠다는 삶의 자세를 암시한다. 그러한 자세는 이 땅의 삶보다 하늘나라의 삶이 더욱 아름답고 영원하다고 믿기 때문이다.

시 「할미꽃」, 「해바라기」, 「들국화」 등처럼 꽃을 오브제로 한 시들이나 「촛불」, 「나무」, 「나비」 등 수직 상승적 이미지를 오브제로 한 시들은 공통적으로 하나님을 향한 견고한 믿음과 이 땅 위에서의 희생, 그리고 미래 세계에 대한 소망을 노래하고 있다. 그처럼 하늘나라에 대한 믿음과 소망이 있기에 전 시인은 이 땅 위에서의 아픔과 십자가를 오히려 주님의 사랑으로 여기며 감사하는 것이다.

> 기나긴 날/가슴에 박힌 아픔이기에//차라리 사랑하기로/마음먹은 양//진액을 다 쏟아/동그랗게 싸맨 상처//소중히 네 품에/안고 있구나//목숨보다 더 귀한/영원이기에//아픔을 갈고 닦아/감사로 바친 기도//알알이/네 가슴에 영글었구나
>
> – 「진주」 중에서

진주조개에 진주가 생성되는 과정으로 기독인의 믿음과 소망을 형상화 하고 있다. 위에서 진주조개가 아픔과 상처를 사랑하며 '소중히 안고' 있는 까닭은 목숨보다 영원을 더 귀한

것이 라 믿기 때문이다. 그리고 아픔과 상처가 알알이 진주로 영글기까지는 그러한 믿음과 함께 '감사로 바친 기도'가 있었기 때문이다. 아픔이 영원한 것, 즉 진주로 영글어 가는 이 극적인 반전 과정은 바로 기독인에게 삶의 아픔과 기쁨의 의미를 충분히 암시하고 있다. 그리고 모든 것을 합력하여 선을 이루어 주시는 하나님의 능력과 은혜를 다시 한 번 확인하게 한다.

전 시인은 그 아픔은 바로 주님께서 인간을 죄로부터 구원하기 위해 지신 십자가와 같은 것임을 믿는다. 시「나의 십자가」에서 전 시인은 그 십자가가 없었다면 자신의 연약함은 물론 예수님의 고통을 알지 못하였으며, 그것은 오히려 자신을 교만하지 않도록 하는 주님의 자상한 사랑이요 소중한 선물이라고 고백한다. 그러한 고백은 우리가 슬픔과 아픔뿐인 지상에서 어떻게 기쁨을 누릴 수 있으며 그 고통을 어떻게 감당해야 하는가를 깨닫게 한다.

전 시인은 그러한 고통을 자신의 힘과 지혜로 감당하기에 너무 연약한 존재임을 알고 있다.

> 당신이 돌아서면/우리 마음 병이 들고/당신이 떠나시면/죄악으로 차오릅니다.//주여, 당신과 하나인 우리//만족이라는 생명수는/오직 당신을 통하여만/공급됩니다.
>
> -「주여, 당신은 아시나이다」 중에서

전 시인은 주님과 멀어지면 병들고 죄악으로 차오를 수밖에 없는 이유는 주님이 생명과 만족이라는 생명수의 근원이며 자신과 서로 분리될 수 없는 관계이기 때문이라고 믿는다. 자기 존재의 불완전성에 대한 인식과 생명의 근원인 하나님에 대한 절대적 믿음이 그로 하여금 날마다 기도하며 시를 쓰게 할 것이다. 그리고 시 「지금은 이렇게」 에서처럼 자신을 '길가에 먼지 앉아/볼품없는 돌멩이'나 '풀숲에 보이잖게/피어난 들꽃'이라고 고백하며 당신의 숨결과 은혜의 소낙비로 씻기우기를 간절히 기원하는 것이다.

구약의 전도서에서 전도자는 해 아래서 영원하고 완전한 것이 없다 하였다. 그러나 사람들은 그것을 모르고 자신들이 완전한 존재인 양 교만하기 쉽다. 전 시인은 그 교만이 바로 죄이며 병의 근원임을 넌지시 일러준다.

그런데 하나님은 늘 연약한 인간을 버리거나 떠나지 않는 분이며 일방적으로 사랑을 베풀어 주시는 분이다. 시 「지치고 초라한 날은」 에서 전 시인은 사람들은 자신이 지치고 초라한 날은 자신을 떠날 뿐만 아니라, 자신도 그런 날에는 아예 모두를 떠나는 가변적인 존재라고 한다. 그러나 그런 상대적인 인간에 비해 하나님은 오히려 그럴 때 말없이 자신을 감싸주고 절대적인 사랑을 베풀어 주는 분이라고 믿고 있다. 전 시인은 시 「내게 아무 것 없어도」 에서 그런 하나님을 닮기를 기원한다. 즉 '당신께 드릴 것도/사람들에게 줄 것도'없다고 자신의 가난을 고백하며 '하나님/나도 당신을 닮아//아무것도 없는 사람/사랑할래요'라고 사랑의 실천을 하나님께 약속하고 있다. 그리고 시 「온전히 쓰임받기 원이옵니다」 에서는 생명의 근원이며 절대적인 사랑을 주시는 하나님 손에 쓰임을 받기를 기원한다. 마리아와 사라처럼 순결한 사람만이 아니라 죄 많은 고멜과 라합을 쓰신 것처럼….

전 시인이 쓰임받기를 원한다는 것은 하나님께 순종하겠다는 고백이며 하나님의 진리를 모르는 이방인들에게 그 생명의 진리를 전하겠다는 결의다.

하나님 계신 곳과/우리 사이에는 /사닥다리 하나로도 충분하고// 아니, 더 가까이/내 마음에 닿을 만큼/아주 가까운데//사람들은 읽어도 읽어도 끝나지 않는/길다란 숫자로 계산합니다

- 「사람들 얘기」 중에서

전 시인은 하나님과 인간의 거리가 아주 가까운데 숫자, 즉 논리와 과학으로만 계산하여 멀게만 알고 있는 사람들을 탓한다. 이는 곧 과학만능주의 시대에 살고 있는 현대인들에 대한 연민의 정이며 비판이다. 사실 현대를 지배하는 이성 위주의 합리주의는 과학을 발전시켜 인간에게 육신적 편리함을 제공했다. 그러나 위의 시에서처럼 그것은 가까운 하나님과 인간을 단절시키며 인간에게 고독과 불안이라는 무서운 형벌을 받게 한 것이다. 전 시인은 현대인이 그 형벌로부터 벗어나 하나님과 가까워질 수 있는 비결을 알고 그것을 이방인들에게 전해 주려하는 것이다.

3

시는 눈에 보이는 세계를 그대로 그린다기보다 그런 것을 재료로 하여 상상의 세계요 초월의 세계를 계시해 준다. 하나님은 그 초월 세계의 가장 높은 곳에 계신 분으로 절대 진리와 사랑의 소유자이다. 전 시인은 그 하나님의 모습과 그 나라에 이르는 길을 시를 통하여 보여 주고 있다. 아니 전 시인의 시는 곧 그 하나님과 가까워지려는 기도요 사다리이다.

전 시인의 시에 빈번히 등장하는 별은 바로 지상적인 것과 달리 절대적이며 영원한 하나님의 모습이다. 그리고 꽃, 나무, 돌 등의 이미지로 그 하나님의 나라에 이르기에 너무 부족하지만 하나님께 순종하고 기도함으로써 그 분의 일방적인 은총으로 그 영원한 나라에 이를 수 있음을 전 시인은 알고 있

다. 우리아의 아내 밧세바를 범한 다윗의 무릎이 썩는 회개와 감사의 눈물이 시편에 기록되듯 자신의 연약함을 고백하고 하나님의 은총을 소망하는 전 시인의 간절한 기도가 이 시집에 실려 있다.

특별히 전 시인이 시 쓰는 법을 배우고 익힌 적이 없지만 일백 편에 가까운 시를 쓰고 한 편 한 편이 읽는 이로 하여금 깊은 영혼의 울림을 주는 이유는 바로 그 영적 체험의 자연스런 유로이기 때문이다. 아무튼 시인 특유의 섬세함과 차분한 어조로 일관된 이 영혼의 고백이 우리 시단에 잔잔한 파문을 일으키리라 믿는다. 그리고 하나님께서 전 시인의 간절한 기도에 뜨거운 응답을 주시어 더 감동적인 시를 쓰게 하시길 기도할 뿐이다.

삶을 아끼는 그대에게
전미자 시집

2020년 11월 10일 인쇄
2020년 11월 15일 발행

지은이 전 미 자
펴낸이 신 용 호
펴낸곳 창조문학사

서울 서대문구 홍은동 397-26 동천아카데미 5층
등록번호 제1-263호
전화 374-9011, Fax 374-5217
공급처 한국출판협동조합 전화 716-5616~9

저자와 협의에 의해 인지를 생략합니다.
파본은 바꾸어 드립니다.
값 10,000원
ISBN 978-89-7734-776-2